GRAND QUARTIER GÉNÉRAL DES ARMÉES
ÉTAT-MAJOR GÉNÉRAL

CIRCULATION

DANS LA ZONE DES ARMÉES

RÈGLEMENTATION DE DÉTAIL

POUR

L'APPLICATION DE L'INSTRUCTION DU 15 JUILLET 1916

A L'USAGE

DES ÉTATS-MAJORS ET DE TOUTES LES AUTORITÉS CIVILES INTÉRESSÉES

PARIS

IMPRIMERIE-LIBRAIRIE MILITAIRE UNIVERSELLE
L. FOURNIER
264, BOULEVARD SAINT-GERMAIN, 264
(En face le Ministère de la Guerre)
1916

SOMMAIRE

PRINCIPES ET RÈGLES

DE LA

CIRCULATION DANS LA ZONE DES ARMÉES

I. — PRINCIPES GÉNÉRAUX

Base et but des textes en vigueur.

Les restrictions qu'il a fallu apporter à la circulation dans la zone des armées, découlent de la Loi sur l'Etat de Siège du 9 Août 1849, base de toutes les instructions édictées à ce sujet.

Elles ont pour but de :

1° Faciliter la découverte de suspects ou d'indésirables ;

2° Eviter l'encombrement où cela est nécessaire, en supprimant tous voyages inutiles.

En conséquence :

1° Nul ne peut se déplacer à l'extérieur des localités, dans la zone des armées, ou y pénétrer, sans s'être pourvu, selon le cas, du sauf-conduit, du permis de circulation en automobile ou de la carte d'identité nécessités par les besoins du contrôle et de la surveillance de la circulation.

Ces principes s'appliquent à tous les modes de locomotion.

2° La zone des armées se décompose en deux parties distinctes, savoir :

La zone non réservée,

La zone réservée.

Ces zones sont séparées entre elles par une ligne de démarcation fixée pour la circulation en automobile et par tous les modes de locomotion autres que le chemin de fer (1).

La partie avant de la portion réservée constitue une région spéciale appelée « zone avancée » dont la limite arrière est fixée par chaque armée intéressée. L'étendue de cette région est modi-

____

(1) Il y a deux lignes de démarcation, qui diffèrent très légèrement entre elles :

1° La ligne de démarcation pour la circulation en automobile ou par modes de locomotion autres que le chemin de fer.

Cette ligne, qui diffère légèrement de celle fixée pour la circulation par voie ferrée, suit : route Morteau-Le Russey (à partir de son intersection avec la limite sud du canton du Russey)-Maîche-Saint-Hippolyte ; Route St-Hippolyte-Chamesol-Pierrefontaine-Blamont, Vallée du Gland jusqu'à Hérimoncourt ; route Hérimoncourt-Vaudoncourt-Dasles-Etupes ; ligne idéale Etupes-Brognard ; route Brognard-Vourvenans jusqu'à son intersection avec la limite sud du territoire de Belfort ; limite occidentale du territoire de Belfort, jusqu'au Ballon d'Alsace. Route Col du Ballon d'Alsace ; le Thillot, la Moselle jusqu'à Toul, la route de Toul à Ligny-en-Barrois, par Void ; le cours de l'Ornain jusqu'à Vitry-le

fiable selon les circonstances; les règles particulières de circulation locales peuvent y varier suivant les besoins des armées.

II. — PIÈCES EXIGÉES POUR LA CIRCULATION

Les pièces exigées pour la circulation sont de deux sortes : celles à caractère *permanent*, celles à caractère *temporaire*.

I. — Carte d'identité.

La carte d'identité est un document à caractère *permanent*, délivré, une fois pour toutes, à leurs administrés seulement, par les Commissaires de police et les Maires, qui certifient l'honorabilité de son titulaire.

Elles sert pour la circulation dans un périmètre restreint, dans les conditions fixées par l'instruction. Elle est toujours enregistrée, s'il n'est pas possible de l'emprunter à un registre à souche.

Le modèle en est donné plus loin, pages 20 à 22.

II. — Sauf-conduit.

Le sauf-conduit est un document à caractère *essentiellement temporaire*.

Il doit permettre de s'assurer, à tout moment, de l'identité du détenteur et comporte les renseignements suivants :

Signalement ou photographie ;
Mode de locomotion ;
Itinéraire à suivre ou rayon autorisé ;
Date et délais accordés ;
Nature du déplacement : un seul voyage ou plusieurs voyages (circulation) ;
Signature du titulaire.

Le caractère du sauf-conduit est toujours individuel ; exception est faite pour les enfants jusqu'à quinze ans inclus, qui peuvent figurer sur les sauf-conduits délivrés aux personnes *qu'ils accompagnent*. Les permis de circuler en automobile peuvent être collectifs.

François (Bar-le-Duc exclu) ; le cours de la Marne jusqu'à Château-Thierry (Châlons exclu) ; le chemin de fer à voie étroite de Château-Thierry à Mareuil-sur-Ourcq ; le chemin de fer de Mareuil à Rivécourt (10 kilomètres sud de Compiègne), par Betz, Ormais et Duny (près Crépy) jusqu'à Estrées-Saint-Denis ; le chemin de fer d'Estrées-Saint-Denis à Beauvais par Clermont ; le chemin de fer de Beauvais à Amiens, par Crèvecœur et Conty ; la Somme, d'Amiens à la mer.

Sauf indications contraires, les localités placées sur les rivières, routes et chemins de fer ci-dessus mentionnés, ainsi que les agglomérations pouvant être considérées comme leurs faubourgs, ne sont pas comprises dans la zone réservée.

La ligne de démarcation pourra être modifiée au cours des opérations.

2° La ligne de démarcation pour la circulation en chemin de fer. (Voir pour sa délimitation à III C. *Circulation en chemin de fer*).

Il existe deux catégories de sauf-conduits :

1° Ceux valables pour un seul voyage, simple ou aller et retour ;

2° Ceux valables pour la circulation facultative dans un rayon donné ou sur un itinéraire donné et pour un délai fixé. Le mode de voyage autorisé doit, en conséquence, être dûment mentionné, en tête du sauf-conduit, par l'indication :

Valable pour un seul voyage ;

Valable pour plusieurs voyages.

Le document établi sur feuille volante n'offre qu'un minimum de garantie. Il rend aléatoires le contrôle de la circulation, la vérification des identités et les recherches à faire, le cas échéant.

En conséquence, les sauf-conduits doivent être délivrés au moyen d'un registre à souche, comportant numérotage et rappel des inscriptions, à la souche.

Le modèle en est indiqué plus loin, pages 23 et 24.

Au delà d'un mois, la photographie est obligatoire.

D'une façon générale, il y a intérêt à faire comprendre à la population tous les avantages qu'elle peut retirer d'un document, carte d'identité ou sauf-conduit, comportant photographie. Au point de vue des justifications à présenter en cours de route, les diverses formalités de contrôle et d'enquête s'en trouveront largement facilitées et diminuées.

Les pièces non pourvues de photographie ne dispensent jamais, *a priori*, de la production d'autres documents permettant d'identifier un voyageur en cas de doute.

III. — RÈGLES GÉNÉRALES DE LA CIRCULATION

A. — Circulation à pied, en voiture, à cheval, à bicyclette.

I. — Zone non réservée.

Pour tous ces modes de locomotion, les Commissaires de police et les Maires sont compétents pour leurs administrés, dont ils doivent pouvoir attester l'honorabilité, au point de vue national, et, pour les personnes en résidence momentanée dans leur ressort, après justifications fournies et vérification auprès des Maires et Commissaires de police de la résidence normale (1). Il ne s'agit ici que de Français.

La durée de la validité autorisée est d'un mois.

II. — Zone réservée.

Excepté pour sa partie avancée, la circulation à pied et en voiture est réglée dans les conditions ci-dessus, mais seulement pour les administrés des Commissaires de police et des Maires, à *l'exclusion de toute autre personne.*

Pour les personnes en résidence momentanée dans la zone réservée, et pour la bicyclette, c'est l'armée qui délivre les auto-

---

(1) Voir VIII. Articles 153 et 155 du Code pénal.

risations. (Etats-Majors, — deuxièmes bureaux, circulation — Bureau militaire des grandes Places, Gendarmerie).

En principe, la circulation à cheval n'est pas autorisée. La circulation *intercommunale* de nuit, entre les heures fixées par le Général commandant en chef, est interdite, sauf certaines dérogations dont l'Armée est seule juge.

Dans la partie avancée de la zone réservée, les autorisations pour y entrer, en sortir et y circuler sont du ressort de l'autorité militaire.

Pour la circulation purement communale, les personnes domiciliées dans la zone avancée, peuvent y jouir du bénéfice de la carte d'identité, avec circulation à périmètre restreint.

III. — Circulation communale.

La circulation à l'intérieur des agglomérations est libre. Elle s'étend de droit aux limites de la commune, sauf pour certains points de la zone avancée, où des restrictions peuvent être nécessaires. Chacun est tenu de justifier de son identité à l'égard du personnel de contrôle.

Voir à IV : Instructions complémentaires pour les mesures de détail.

B. — Circulation en automobile ou à motocyclette.

Les permis bleus, du modèle spécial destiné aux civils pour pénétrer et circuler dans la zone des armées, ne sont délivrés que par l'autorité militaire compétente.

Le même permis peut englober plusieurs personnes.

Il comporte le ou les signalements du titulaire du permis et des personnes qui l'accompagnent, chauffeur compris, avec toutes les photographies, l'itinéraire ou le périmètre accordé, la période de temps fixée. Cette dernière ne peut, en aucun cas, excéder un mois

Sauf en cas d'urgence, et, en principe, pour une durée inférieure à trois jours, la ou les photographies doivent y figurer. Elles sont, en tous les cas, obligatoires pour les permis de longue durée ou les permis renouvelables.

Autorités militaires compétentes

1º Zone non réservée.

Pour y pénétrer venant de l'intérieur :

Généraux commandant les régions où sont situées les localités *où l'on va*. Lorsqu'il s'agit de localités intéressant une armée, cette dernière est compétente et la demande lui est transmise.

Pour y circuler (personnes domiciliées dans la zone non réservée) :

Général commandant la région où se trouve le domicile du

demandeur, ou Général commandant l'armée qui opère dans
la région, selon le cas.

2° **Zone réservée.**

Pour y pénétrer et y circuler :

Général commandant en chef ou ses délégués ;
Général commandant le groupe d'armées ;
Général commandant l'armée.

dans leur zone d'opérations (1).

NOTA. — Lorsque des itinéraires ou des périmètres de circulation chevauchent sur des armées contiguës, c'est l'armée du point
de départ qui est, en principe, compétente. Lorsqu'il s'agit de
permis périodiques renouvelables, l'entente préalable entre les
armées intéressées est nécessaire.

Pour les permis, empiétant à la fois sur le domaine de la région
et de l'armée, c'est toujours l'armée qui est compétente.

Lorsqu'il s'agit d'armées ou de régions non contiguës, les
demandes reçues sont transmises pour attributions à l'autorité
militaire intéressée.

Les permis bleus délivrés de ou pour la zone des armées sont
valables, *a fortiori*, pour la partie du discours qui se trouve dans
la zone de l'intérieur.

Ils peuvent également être rendus valables, dans les mêmes
conditions de temps et de parcours, pour la circulation en chemin
de fer et mention en est faite sur le permis.

3° **Laissez-passer permanents.**

Seul, le Général commandant en chef a qualité pour les délivrer,
exceptionnellement, à certains officiers et fonctionnaires, pour
les besoins du service.

Ces permis (format carte à jouer, lorsqu'ils sont pliés en deux),
sont bleus pour les civils, rouges pour les militaires, tricolores
pour les membres du Parlement.

Forme des demandes de permis de circulation bleus (2)

Les demandes sont écrites. Elles comportent l'état-civil, l'adresse
exacte du demandeur et sa nationalité, *le but*, l'itinéraire et la
durée probable du voyage, le numéro du véhicule ; le cas échéant,

---

(1) Les Généraux commandant les armées peuvent accorder la délé-
gation, pour certains cas, aux Généraux D. E. S. et aux Généraux Commandants de Corps d'armée, s'ils le jugent utile. Le Général D. E. S.
est compétent à l'égard des fonctionnaires circulant pour leur service.

(2) Le renouvellement des permis délivrés pour les besoins de l'industrie
et du commerce peut se faire avant expiration du permis en cours, afin
d'éviter toute interruption. Ce jeu de permis dits « à cheval » est ainsi
appelé à rendre de grands services.

La circulation en automobile devant être limitée au strict nécessaire,

les noms et signalements des personnes qui l'accompagnent. Sauf en cas d'urgence, et pour un très-court délai seulement, une photographie de 4 cm × 4 cm. pour chaque personne doit être obligatoirement jointe, pour être collée sur le permis.

La transmission des demandes doit être faite par le Général commandant la subdivision du domicile de l'intéressé (service de la circulation pour le G. M. P.). Y est joint l'avis du Préfet de police ou du Préfet de Seine-et-Oise, pour les demandes émanant du G. M. P. des Commissaires de police ou des Maires, pour les autres. Les demandes envoyées directement aux armées sont instruites par les soins de ces armées.

Timbre sec

Se servir du timbre sec délivré aux armées pour les carnets d'étrangers, pour estampiller les photographies apposées sur les *permis bleus d'automobiles.*

C. — Circulation en chemin de fer.

I°. — **Partie non réservée de la zone des armées.**
(Départements frontières et autres).

Pour circuler en chemin de fer dans la partie non réservée de la zone des armées, les pièces ordinaires prévues pour la circulation à pied et en voiture suffisent.

Elles sont exigibles aux guichets des gares et soumises aux mêmes vérifications.

II°. — **Partie réservée de la zone des armées.**

Une ligne spéciale de démarcation pour la circulation par fer laisse, à l'Est et au Nord, un réseau réservé.

En général, cette ligne coïncide avec celle départageant la zone des armées en portion réservée et portion non réservée.

Il ne s'agit pas, à proprement parler, d'une zone territoriale, mais d'un réseau ferré, jalonné par des gares de pénétration (1).

Les règles de la circulation sont les suivantes :

1° Pour franchir la ligne de démarcation *venant du dehors* (habi-

---

surtout dans la zone réservée, les demandes non justifiées sont à refuser (motifs de promenade, d'excursion, de visite, etc...). En tous les cas, pour la circulation avec des permis périodiques, renouvelables, il faut se montrer très sobre pour les familles.

(1) La ligne de démarcation, au delà de laquelle on ne peut circuler sur le réseau ferré — grandes compagnies, chemins de fer d'intérêt local, tramways départementaux — qu'en vertu d'autorisations spéciales, est jalonnée par les gares de : Delle, Montbéliard, Lure, Faymont, Plombières, Epinal, Charmes, Nancy, Pont-Saint-Vincent, Barisey, Vaucouleurs, Gondrecourt, Bar-le-Duc, Vitry-le-François, Châlons-sur-Marne, Epernay, Château-Thierry, Mareuil-sur-Ourcq, Crépy-en-Valois, Senlis, Creil, Saint-Just-en-Chaussée, Amiens, Abbeville, Boulogne et Calais. Toutes ces localités, sauf Bar-le-Duc, sont exclues de la zone réservée. Par exception, les voyageurs pour Nancy peuvent utiliser la ligne Barisey-Toul-Frouard-Nancy, mais à la condition expresse de ne pas descendre pendant le trajet. Cette ligne pourra être changée au cours des opérations.

tants de l'intérieur et de la zone des armées en deçà de la ligne de démarcation).

Autorisation spéciale délivrée, après demande préalable, par :
Le Général commandant en chef ;
Les Généraux commandant les groupes d'armées ;
Les Généraux commandant les armées intéressées.

2° Pour franchir la ligne de démarcation *vers l'intérieur*.
a) Personnes non habituellement domiciliées dans la zone réservée et personnes domiciliées devant sortir *sans rentrer* :
Généraux commandant les armées intéressées. (Généraux délégués, pour certains cas).
b) Personnes régulièrement domiciliées dans la zone réservée :
Lorsqu'il s'agit de voyage *aller* et *retour*, les préfets et leurs délégués, les sous-préfets, sont également compétents.
Ils peuvent délivrer des sauf-conduits spéciaux, aller et retour, dans les mêmes conditions que l'Armée. Cette faculté est strictement limitée à leurs administrés.

3° Pour *circuler* dans la zone réservée *sans en sortir* :
a) Habitants de cette zone :
Sauf-conduits délivrés par les Commissaires de police et les Maires, visés par l'autorité militaire la plus voisine : Etats-Majors d'armée, Commandants d'armes permanents (1), Commandants des brigades de gendarmerie.
La carte d'identité délivrée pour la circulation à périmètre restreint est également valable pour la circulation en chemin de fer, dans les limites de ce périmètre, après le visa prévu ci-dessus.
b) Personnes non habituellement domiciliées dans la zone réservée :
Le Général commandant l'armée intéressée est seul compétent.

4° Cas d'urgence. — Dans certains cas d'urgence seulement, les officiers et les commissaires spéciaux préposés par les armées au contrôle de la circulation dans les gares de pénétration, où, à défaut les commissaires militaires de ces gares, sont compétents pour autoriser directement le passage.

Les conditions à réunir sont les suivantes :
a) Etre porteur de pièces ne laissant aucun doute sur l'identité du voyageur.
b) Justifier, par des pièces *indiscutables*, de l'un des motifs suivants :
Aller voir un blessé ou un malade ;
Se rendre à une convocation de justice ;
Assister aux obsèques d'un parent ;
Se rendre à une convocation de l'Intendance pour une adjudication, une expertise, le règlement d'une question de ravitaillement.

---

(1) Des grandes places, à l'exclusion des Commandants de cantonnements, vu le caractère provisoire de leur séjour. (Ce principe ne s'applique pas à la partie avancée de la zone réservée). Dans ces places, un bureau spécial militaire est chargé du service de la circulation.

Dans d'autres cas très urgents ou graves, ou s'il s'agit d'affaires intéressant l'Armée, les Commissaires de gare peuvent avoir, *exceptionnellement*, recours au téléphone ou au télégraphe pour prendre l'avis de l'armée intéressée.

Compte rendu de toutes les autorisations accordées est adressé à l'Armée.

Demandes à adresser à l'Armée.

Les demandes émanant du dehors pour franchir la ligne de démarcation sont à adresser au Général commandant la subdivision de région dans laquelle se trouve le domicile du demandeur. Elles sont ensuite transmises à l'armée compétente, sous le couvert du Général commandant la région dans laquelle se trouvent les localités demandées. Si elles sont accompagnées de l'avis du Commissaire de police ou de l'autorité militaire locale (Gendarmerie ou Commandant d'armes, Commissaire militaire quelquefois) la solution pourra ne pas être retardée par le besoin d'une enquête.

D. — Circulation des étrangers — Circulation en Alsace.

1° La circulation des étrangers est rigoureusement régie par l'arrêté du 1er janvier 1916.

Aucune dérogation, d'aucune sorte, ne peut y être apportée.

2° La circulation en Alsace est exclusivement réglée par l'armée compétente.

L'Alsace reconquise fait d'ailleurs partie de la zone avancée.

IV. — INSTRUCTION COMPLÉMENTAIRE POUR L'ÉTABLISSEMENT DES SAUF-CONDUITS

COMPÉTENCE LAISSÉE A L'AUTORITÉ CIVILE

Afin de concilier les intérêts de la défense nationale avec ceux des populations, les attributions et les pouvoirs des autorités civiles locales sont fixées dans les conditions suivantes :

Zone des armées, parties réservée et non réservée.

Circulation à pied, en voiture, à cheval, à bicyclette

Les Commissaires de police, ou, à défaut, les Maires sont compétents à l'égard de leurs administrés français, dans les cas suivants :

1° **Circulation locale ou à périmètre restreint.** — La circulation est de droit libre dans la localité où l'on est domicilié. En dehors de l'agglomération proprement dite, elle s'étend aux hameaux, écarts et jusqu'aux confins du territoire communal, sous la réserve d'une justification d'identité. La liberté de circulation peut s'étendre aux territoires de toutes les communes limitrophes.

A l'extérieur de la localité, la production d'une pièce d'identité est exigible.

La carte d'identité à délivrer est du modèle fixé (voir page 20).

Elle est imprimée sur carton souple ou papier parcheminé de couleur *grise*. Chaque carte délivrée est numérotée — en une série unique — et enregistrée dans un registre *ad hoc* (1) comportant :

    Le numéro correspondant ;

    La date de délivrance ;

    Les nom et prénoms ;

    Le périmètre accordé.

La photographie est facultative pour la circulation dans le périmètre des communes limitrophes ; elle est obligatoire pour la circulation intercantonale. Son emploi est, d'ailleurs, à recommander pour tous les cas.

La carte d'identité est toujours signée par le Commissaire de police ou le Maire qui, sous leur responsabilité, ne les délivrent qu'aux personnes dont l'honorabilité, au point de vue national, leur est connue ou dûment certifiée.

Restrictions : Pour la circulation avec carte d'identité, l'usage de la bicyclette n'est de droit que dans la zone non réservée. Dans la zone réservée, la carte d'identité permet d'utiliser la bicyclette, sans autre formalité, à l'intérieur des limites de la circonscription de la commune seulement. Pour la circulation dans les communes limitrophes, le visa de la gendarmerie est nécessaire. Celui de l'armée (Etat-Major) est exigé pour la circulation intercantonale.

2° Circulation régionale, à périmètre semi-étendu. — Pour les agriculteurs, les petits commerçants, les forains et artisans, circulant régulièrement dans les localités voisines, pour y fréquenter les foires et marchés ou vaquer autrement à leurs affaires, la carte d'identité peut être étendue à la circulation intercantonale, dans les conditions indiquées à l'article précédent. La photographie est toujours obligatoire ainsi que le visa de la carte d'identité, une fois pour toutes, par l'autorité militaire : Etat-Major de chaque armée ou ses délégués (2), Commandants de brigades de gendarmerie. La faculté d'utiliser la voie ferrée dans les limites du périmètre fixé peut être également énoncée par ces autorités militaires. La circulation pour un périmètre plus étendu, à bicyclette et en chemin de fer, reste du ressort des armées (Général commandant). Celle des fonctionnaires, est réglée par les Généraux directeurs des Etapes et Services, spécialement délégués pour cet objet.

3° Circulation ouvrière. — Dans les gros centres industriels, les industriels occupant un nombreux personnel peuvent établir eux-mêmes, dans les conditions fixées pour les Maires, des cartes d'identité spéciales, permettant de se rendre, chaque jour, du domicile de l'ouvrier à son usine, par l'itinéraire le plus direct. Ces pièces porteront le visa permanent du Commissaire de police ou du Maire compétents. Pour la circulation à bicyclette, dans la zone

---

(1) L'emploi du registre à souche est préférable, lorsqu'il est possible.
(2) Bureau militaire des Places importantes.

réservée, une mention spéciale de la gendarmerie la plus voisine est nécessaire.

Les *ouvriers mobilisés* sont soumis aux mêmes règles.

4° **Restrictions diverses**. — *a*) Dans la zone réservée, *la circulation de nuit*, lorsqu'elle est reconnue nécessaire, est réglée par l'armée, après examen de chaque cas particulier ou de chaque situation déterminée.

Les médecins, sages-femmes et prêtres, peuvent toujours obtenir cette autorisation.

À l'intérieur des localités, la circulation de nuit est autorisée s'il n'est pas donné d'ordres contraires pour chaque cas local particulier.

b) La circulation à cheval n'est pas permise, en principe, dans la zone réservée.

c) Dans la zone des avant-postes, l'autorité militaire peut apporter aux règles générales de la circulation toutes les restrictions que la situation ou l'état des opérations lui font juger nécessaires.

d) Les prescriptions générales édictées par l'armée sont toujours modifiables, lorsque les circonstances viennent à l'exiger. Toute autorisation donnée est, par conséquent, révocable, le cas échéant, et toute demande peut être refusée.

5° **Prolongation d'un sauf-conduit pour une personne non domiciliée dans la commune.** — En cours de route, aucune prolongation de validité ou modification d'itinéraire ne pourront être portées *sur l'ancien sauf-conduit* par les Commissaires de police et les Maires.

Lorsque ces magistrats, après s'être dûment renseignés comme il est prescrit à l'égard des personnes non normalement domiciliées dans leurs communes, estiment pouvoir accorder un nouveau séjour ou un nouveau voyage, dans la limite de leur compétence (zone non réservée), ils sont tenus de délivrer un *nouveau sauf-conduit*, pour lequel ils sont responsables. Dans ce cas, le sauf-conduit déjà possédé par l'intéressé doit être produit par lui. Mention de son numéro et de la localité où il a été délivré est faite dans la case *ad hoc* figurant sur le sauf-conduit.

En principe, les voyageurs de commerce et autres personnes voyageant de ville en ville pour leurs affaires, doivent se munir, *avant leur départ*, d'un sauf-conduit à itinéraire complet. Les voyages *au jour le jour* sont à interdire dans la zone des Armées.

6° **Sauf-conduits périmés à rendre.** — Tout sauf-conduit périmé doit être rendu par son titulaire à l'autorité qui l'a délivré. En conséquence, les Commissaires de police et les Maires ne devront délivrer de nouveaux sauf-conduits que si l'ancien a été rendu.

7° **Passage de l'intérieur dans la zone des armées. Régions avoisinant la limite de cette zone.** — *a*) Toutes les prescriptions fixées pour la circulation dans la zone des armées doivent être observées par les Commissaires de police et les Maires de l'intérieur, notamment en ce qui concerne le sauf-conduit à souche.

b) Si les commissaires de police et les Maires sont compétents jusqu'à la zone avancée (exclue) pour la circulation à pied et en voiture, il ne s'ensuit pas qu'ils puissent délivrer des sauf-conduits à très grande distance pour ces modes de locomotion et la plus grande réserve leur est recommandée à cet égard. De toutes façons, les autorités locales de l'intérieur ne pourront accorder de trajets à faire à pied, en voiture et à bicyclette, au delà de la ligne de démarcation.

c) Pour les régions avoisinant la limite de la zone des armées, où des périmètres intercommunaux et intercantonnaux peuvent chevaucher des deux côtés de cette limite, les Commissaires de police et les Maires doivent délivrer à leurs administrés des cartes d'identité, valables pour la partie du périmètre situé dans la zone des armées.

V. — DÉROGATIONS AUX RÈGLES DE LA CIRCULATION DANS LA ZONE AVANCÉE

(A titre d'indications.)

Principes.

Si la circulation dans la zone réservée est réglée par le Commandement en chef d'une façon *uniforme* pour toutes les armées, il ne saurait en être de même dans la partie avancée de cette zone.

Chaque armée peut avoir à apporter des modifications, suivant les circonstances et les nécessités locales. Ces modifications sont portées à la connaissance du public sous la forme d'un arrêté.

Fixation des limites de la zone avancée.

La délimitation arrière de la zone avancée est arrêtée par les soins de chaque armée d'après ses besoins particuliers. Il en est toujours rendu compte au Général Commandant en Chef, ainsi que de toutes modifications ou fluctuations pouvant survenir par la suite.

Points sur lesquels portent les modifications.

En principe, la circulation à pied ou en voiture n'est pas laissée aux mains de l'autorité civile locale ; l'autorité militaire y intervient toujours.

La Loi du 9 Août 1849 et les Instructions qui en découlent ne visent que la circulation intercommunale ; il importe de ne déroger à cette règle que dans le cas de sérieuse nécessité.

CIRCULATION COMMUNALE

Les habitants d'une commune, de ses hameaux et de ses écarts, peuvent circuler librement sur tout le territoire de cette commune. Hors de l'agglomération proprement dite, ils sont tenus à la présentation, à toute réquisition, de la carte d'identité prescrite. Les localités formant en quelque sorte corps avec une autre localité peuvent être soumises aux mêmes règles. La circulation à bicyclette, qui est régie par les mêmes principes, peut être soumise à des restrictions ; de même, la circulation de nuit, à l'intérieur des agglomérations.

CIRCULATION INTERCOMMUNALE

Toutes les autres autorisations concernant la zone avancée sont de la compétence exclusive de l'autorité militaire ; elles peuvent être réglées comme suit :

1° Pour y pénétrer en venant de l'intérieur :

Pour en sortir et aller à l'intérieur ;

Autorisation du Général Commandant l'armée (et de ses délégués, pour la sortie seulement).

2° Pour y entrer en venant de la zone réservée :

Autorisation du Commandant d'armes le plus voisin du point de destination.

3° Pour en sortir et passer dans la zone réservée; pour y circuler:

Autorisation du Commandant d'armes le plus voisin du point de départ.

Tous les Officiers Généraux intéressés sont, *a fortiori*, compétents pour les cas 2 et 3.

Exceptionnellement, les Maires ont qualité pour délivrer à leurs administrés français des permis d'un jour pour se rendre à la commune la plus voisine, ou, s'il s'agit d'un visa à obtenir, au siège d'un Commandant d'armes ou d'une Brigade de gendarmerie.

La durée de validité des autorisations données par d'autres autorités que le Général Commandant l'armée ou ses délégués, ne saurait excéder quinze jours (un mois avec photographie).

En cas de besoins reconnus, le Général commandant l'armée peut accorder des permis renouvelables pour trois mois.

Périmètres empiétant de la zone réservée sur la zone avancée.

La circulation au moyen de la carte d'identité, lorsque les périmètres pour lesquels son usage est autorisé empiètent à la fois sur la zone réservée et la zone avancée, reste régie selon le principe le plus favorable (circulation libre entre la commune et le territoire des communes limitrophes). La circulation intercantonale reste exclue de cette disposition, sauf décision exceptionnelle.

L'armée intéressée peut apporter les restrictions jugées nécessaires pour chaque cas particulier, en ce qui concerne l'usage de la bicyclette, même à l'intérieur de la commune, et, le cas échéant, du chemin de fer. Il en est de même pour la circulation de nuit à l'intérieur de chaque localité.

VI. — DISPOSITIONS SPÉCIALES

Cas particuliers.

La nouvelle réglementation ne pouvait viser que le cas général ; certains cas particuliers n'y figurent pas.

1°. — Navigation intérieure.

Les dispositions actuelles, relatives à la circulation par eau, restent en vigueur.

2°. — Visa des sauf-conduits en cas de séjour de plus de 24 heures dans une localité.

En cas de séjour de plus de vingt-quatre heures dans une localité, siège d'un commissariat de police ou d'une brigade de gendarmerie, le titulaire du sauf-conduit est tenu de le faire viser par cette autorité. Le formulaire comporte au verso des cases préparées à cet effet.

Défaut de nouveaux emplacements pour les visas

Il arrive que les cases ménagées sur les sauf-conduits pour les visas du personnel de contrôle (circulation et séjour de passage) soient remplies. En ce cas, une rallonge peut être annexée au sauf-conduit, à condition de porter en tête une annotation *ad hoc*, avec le cachet du signataire chevauchant sur le sauf-conduit et sa rallonge. Cette mesure doit être ramenée à des proportions réduites, le sauf-conduit étant à renouveler, dès que possible, par l'autorité qui l'a primitivement délivré.

3°. — Envoi du sauf-conduit demandé par correspondance.

En principe, les sauf-conduits demandés par correspondance, ne sont jamais envoyés directement aux intéressés. Pour éviter tout abus, ils leur sont toujours remis par l'intermédiaire du Commissaire de police ou du Maire de leur résidence.

Les envois poste-restante sont à rejeter *a priori*.

4°. — Permis de séjour.

Le sauf-conduit ne doit pas être confondu avec le permis de séjour.

Lorsque le délai indiqué sur le sauf-conduit est périmé, le titulaire est à mettre en demeure de se pourvoir près de l'armée intéressée de l'autorisation de séjour nécessaire, ou de quitter la localité dans les conditions de retour fixées sur le document qui a servi pour l'aller.

Voir plus loin : VII. A². Zone d'action britannique.

5°. — Fonctionnaires en mission.

En cas d'urgence, certains fonctionnaires sont envoyés en mission par les administrations supérieures, avec un ordre de mission, à l'exclusion de tout sauf-conduit.

En ce cas, il importe que l'ordre de mission soit un document dûment probant, portant expressément la mention « Délivré à l'exclusion du sauf-conduit prévu par l'arrêté du 15 juillet 1916.

6°. — Circulation des Etrangers.

Les règles sur la circulation visées par l'instruction ne s'appliquent qu'aux Français.

Les étrangers ne peuvent circuler et résider dans la zone des armées qu'avec le carnet d'étranger prévu par l'arrêté du 1er janvier 1916. Ce carnet tient lieu de tout, car il comprend des permis de séjour, de circulation et des sauf-conduits.

A l'exclusion du permis bleu d'automobile, qui est d'un modèle spécial pour les étrangers, aucune autre *pièce volante* ne doit être délivrée aux étrangers, sauf les dérogations ci-après :

DÉROGATIONS

A) **Sauf-conduits dispensant du carnet d'étrangers.** — Le bureau militaire de surveillance des étrangers peut, toutefois, délivrer des sauf-conduits portant la mention « Dispensé du carnet d'étrangers » apposée par un timbre spécial.

B) **Autorisations télégraphiques.** — Dans certains cas urgents, le B. M. S. E. de Paris accorde des autorisations télégraphiques pour se déplacer.

Le télégramme officiel sert alors de laissez-passer.

Il est libellé comme suit :

1° Etranger déjà titulaire d'un carnet.

Bureau Surveillance Etrangers à Maire Clermont :

KREUSS (Louis), Carnet étranger 52, est autorisé aller à Amiens, rue........................., n°........................ (date du déplacement).

Le présent télégramme servira de sauf-conduit à faire viser à arrivée et départ Amiens. Le renvoyer au Bureau surveillance le voyage terminé.

2° Etranger de l'intérieur non titulaire de carnet.

Bureau Militaire Surveillance Etrangers à Commissaire Police, Orléans.

KREUSS (Louis), Suisse, est autorisé aller à Amiens, rue........................., n°........................ (date de déplacement).

Le présent télégramme servira de sauf-conduit dispensant carnet étranger. A faire viser à arrivée et départ *Amiens*. Le retourner au Bureau surveillance le voyage terminé.

(A remarquer le visa obligatoire à l'arrivée et au départ.)

Mode de transmission par l'autorité locale des demandes URGENTES formulées par des étrangers.

Télégramme (aux frais du demandeur) adressé au :

BUREAU MILITAIRE SURVEILLANCE ETRANGERS, PARIS, 282, boulevard Saint-Germain.

Indiquant :

Désignation de l'autorité expéditrice. — Nom. — Prénoms. — Nationalité. — Résidence du demandeur. — Numéro de son carnet d'étranger (s'il y a lieu). — Durée du voyage. — Destination avec adresse. — Motif. — Avis de l'autorité expéditrice.

C) **Passage en transit.** — Lorsque des étrangers doivent traverser la zone des armées, en transit, mention en est faite sur leur passeport. Cette mention indique que le titulaire du passeport est autorisé à traverser la zone des armées sans s'y arrêter et est dispensé du carnet d'étranger.

Lorsqu'un étranger veut s'arrêter dans la zone des armées, il doit se mettre en instance de carnet d'étranger avant de quitter son pays.

7°. — Régime du passeport.

Le passeport pour se rendre à l'étranger est toujours à demander à l'Administration préfectorale. Dans la partie réservée de la zone des Armées, l'autorité administrative doit, avant d'accorder le passeport, demander l'avis de l'Armée compétente. L'Armée peut étendre cette restriction à tout ou partie de la zone non réservée si elle le juge utile.

S'il n'y a pas quarantaine préalable, le sauf-conduit nécessaire pour se rendre à la gare frontière de sortie n'est établi que sur production du passeport.

Pour les personnes résidant dans la zone avancée, et, dans certains cas, déterminés par l'Armée compétente, pour celles résidant dans le reste de la zone réservée, voire non réservée, le cas échéant, une quarantaine préalable dans une localité de l'intérieur est imposée. Le minimum en est fixé à huit jours.

Dans ce cas, le passeport n'est jamais remis directement à l'intéressé, mais envoyé au Préfet du Département où il fait une quarantaine (1) afin qu'il ne puisse le recevoir et s'en servir avant la date voulue.

Lorsqu'une quarantaine est imposée, l'Armée qui a décidé cette mesure envoie au S. R. A., au G. Q. G. les renseignements suivants :

> Signalement de l'intéressé ;
> Durée de la quarantaine ;
> Date de départ de la localité du dernier domicile ;
> Lieu de destination ;
> Gare de sortie de France.

Pour les personnes déjà en possession d'un passeport, les formalités indiquées plus haut sont les mêmes.

Le passeport, visé à nouveau, est délivré dans les mêmes conditions que s'il s'agissait d'un premier établissement.

Pour les personnes ayant obtenu l'autorisation de passer de l'étranger dans la zone des armées, le sauf-conduit nécessaire n'est jamais envoyé hors de France. Il est adressé au Commissaire spécial de la gare frontière d'entrée, qui le tiendra à la disposition de l'intéressé et le datera au moment voulu. Avis en est donné au demandeur par la voie consulaire.

---

(1) En principe, l'envoi du passeport est fait par le Préfet du département où la demande a été produite.

Français venant d'Angleterre.

Exceptionnellement, les Français venant d'Angleterre peuvent être dispensés du sauf-conduit réglementaire par un visa apposé sur leur passeport par le Commissaire spécial du point de débarquement.

Ce visa doit indiquer, outre les indications de date, d'itinéraire et de destination, la mention qu'il « dispense de la production du sauf-conduit prévu par l'arrêté du 15 juillet 1916 ».

Cette disposition est limitée à la zone non réservée.

VII. — ZONES D'ACTION ÉTRANGÈRE

Zone d'action belge.

En territoire français occupé par l'armée belge, la circulation des citoyens français est du ressort de l'autorité militaire française, Général commandant la Région fortifiée de Dunkerque et Mission militaire française.

Cette dernière a, dans son rayon d'action, les pouvoirs d'un Général commandant d'Armée. Elle les exerce, notamment, pour la délivrance des permis bleus pour automobiles aux Français et aux civils belges.

Zone des armées britanniques.
A. — Délimitation des zones.

1º Toute la région située au delà de la ligne de démarcation constituée par la Somme, d'Amiens à la mer, est zone réservée ;

2º Une dérogation à ce principe est accordée pour la voie ferrée d'Abbeville à Calais, ainsi que pour les embranchements se greffant sur cette ligne, à l'Ouest, pour aller à la mer. La *circulation* sur ce réseau n'est assujettie qu'aux règles édictées pour la circulation dans la zone non réservée, à l'exclusion de la circulation routière (1).

En résumé, toute la région au nord de la Somme est zone réservée, mais on peut aller par chemin de fer d'Abbeville à Calais et aux stations balnéaires de la côte — et en revenir — dans les conditions de circulation fixées pour la zone non réservée.

Jusqu'au 15 octobre 1916, dans les localités du littoral au nord de l'embouchure de la Somme, aucun *permis de séjour* n'est accordé sans l'autorisation expresse de l'autorité militaire.

Pour moins de quarante-huit heures, les Français ne sont pas astreints à demander le permis de séjour.

B. — Compétence en matière de circulation.

Les mesures de circulation prévues par la nouvelle instruction sont applicables dans la zone des armées britanniques, région du

---

(1) Les instructions spécifient, au surplus, que les Commissaires de police et les Maires de l'intérieur ne peuvent pas accorder de sauf-conduit à pied et en voiture pour la zone réservée.

Nord comprise, comme partout ailleurs, sauf les dérogations indiquées plus loin.

La Mission française près l'armée britannique est chargée de
l'établissement des règles de circulation et des permis de séjour
applicables dans toute la zone des Armées britanniques, la région
du Nord restant chargée, en ce qui la concerne, de leur application,
agissant en liaison étroite avec le Quartier Général de la Mission
française.

C. — **Dérogations.**

Les pièces d'identité (cartes mauves) créées pour les ouvriers
mineurs peuvent, exceptionnellement, subsister pour tout ce personnel spécial ; elles ne comportent que le trajet entre le domicile
et la mine.

Dans la zone avancée, toute liberté est d'ailleurs laissée à la
Mission française, et les anciens modèles de sauf-conduits peuvent
continuer à y servir, comme les cartes mauves. Les cartes d'identité et les sauf-conduits, du modèle général, sont réglementaires
dans tous les autres cas.

VIII. — ARTICLES 153 ET 155 DU CODE PÉNAL

Art. 153 (L. 13 mai 1863). — Quiconque fabriquera un faux passeport ou un faux permis de chasse, ou falsifiera un passeport ou
un permis de chasse originairement véritable, ou fera usage d'un
passeport ou d'un permis de chasse fabriqué ou falsifié, sera puni
d'un emprisonnement de six mois au moins et de trois ans au
plus.

Art. 155 (L. 13 mai 1863). — Les Officiers publics qui délivreront
ou feront délivrer un passeport à une personne qu'ils ne connaî-
tront pas personnellement, sans avoir fait attester ses noms et
qualités par deux citoyens à eux connus, seront punis d'un emprisonnement d'un mois à six mois.

Si l'Officier public, instruit de la supposition du nom, a néan-
moins délivré ou fait délivrer le passeport sous le nom supposé,
il sera puni d'un emprisonnement d'une année au moins et de
quatre ans au plus.

Le coupable pourra, en outre, être privé des droits mentionnés
en l'article 42 du présent Code pendant cinq ans au moins et dix
ans au plus, à compter du jour où il aura subi sa peine.

G. Q. G., le 15 juillet 1916.

Le Major Général,

PELLÉ.

**Modèle de carte d'identité, comportant l'emploi parallèle
d'un carnet-répertoire pour l'enregistrement.**

*Carton léger, bristol ou papier parcheminé, de couleur grise.
Format: 140 m/m × 225 m/m.*

Département de......................................
Canton de ....
Commune de ....

Recto

CARTE D'IDENTITÉ

Enregistrée sous le N°.................... permettant
au titulaire de circuler librement (1) dans les
limites de la commune et dans le périmètre
suivant (indiquer les communes limitrophes ou
le canton et les cantons limitrophes)....................

....
....
....

PHOTOGRAPHIE

—

(Obligatoire pour la
circulation intercanto-
nale).

Je soussigné { Commissaire de police
{ Maire
de la commune de.. délivre
la présente carte d'identité à M............................
.... (nom et prénoms)
Profession de..
De nationalité (2)..
Domicilié dans ma commune..
.... (adresse exacte)
Depuis le..
Je certifie qu'à ma connaissance, son attitude
au point de vue national n'a jamais donné lieu
à remarque.

Fait à...................., le.................... 191....

Le { *Commissaire de Police* (3) ;
{ *Maire,*

Signalement :

Age ....
Taille ....
Cheveux ....
Sourcils...
Barbe...
Yeux...
Nez...
Menton ....
Front...
Teint ....
Signes particuliers.......................................
....
....
....

Signature du titulaire :

En cas de perte de la présente carte d'identité, aviser la gendarmerie la plus voisine

(Voir au verso pour les renvois)

VISAS DE L'AUTORITÉ MILITAIRE

1° Visa pour la circulation intercantonale.

2° *Visa spécial* de l'autorité militaire pour la circulation à *bicyclette* et *en chemin de fer*, dans les limites du périmètre indiqué au recto.

Si la gare à utiliser, *la plus voisine*, dépasse les limites de ce périmètre, elle est indiquée spécialement.

Autorisé à circuler à... (4), dans les limites du périmètre indiqué sur la présente carte d'identité.

Exceptionnellement, la gare de................................ est comprise dans la présente autorisation, pour la circulation en chemin de fer.

Fait à................................, le ....

Le.. (5)

---

(1) La circulation pour tous modes de locomotion, *automobile exceptée*, est de droit dans la zone *non réservée*, et seulement pour le périmètre indiqué sur la carte d'identité. Le visa de la gendarmerie du canton est obligatoire pour la circulation intercantonale. — Zone *réservée* : les cartes délivrées pour la circulation intercantonale pour cette zone ou chevauchant sur cette zone doivent être visées par l'armée compétente, état-major de l'armée ou ses délégués. — Pour la circulation spéciale, à *bicyclette* ou en *chemin de fer*, dans la zone réservée, le visa, donné, une fois pour toutes, par l'autorité militaire (état-major pour la circulation intercantonale, commandant de brigade de gendarmerie pour la circulation intercommunale), est obligatoire. Toutefois, dans les limites de la commune du titulaire, l'usage de la bicyclette reste libre. La circulation *de nuit*, aux heures fixées par le commandement en chef, est rigoureusement interdite hors de la localité du domicile.

(2) Pour les naturalisés, indiquer la nationalité précédente et la date de la naturalisation.

(3) Le commissaire de police ou le maire doivent signer eux-mêmes, *sans se servir d'une griffe*.

(4) A bicyclette, en chemin de fer — ou l'un et l'autre.

(5) Indiquer l'autorité militaire signataire.

Indications pour l'établissement du *Carnet d'enregistrement des cartes d'identité* délivrées aux habitants français de la commune, à l'exclusion de toute autre personne.

NUMÉRO de LA CARTE délivrée	NOM ET PRÉNOMS DU TITULAIRE	DATE de la DÉLIVRANCE	PÉRIMÈTRE ACCORDÉ	MODE de LOCOMOTION

<table>
<tr><td>SOUCHE</td><td>PARTIE A DÉTACHER</td><td>Papier blanc. Format 185×275 m.</td></tr>
</table>

SAUF-CONDUIT

N°.......

valable pour ....
voyage du ....
au ....

Mode de locomotion : ....
....

Localités ou péri-
mètre ....
....
....
....
....
....

Date de ... livrance : ....
....
....

**Sauf-conduit délivré
à une personne
non domiciliée
dans la commune.**

N° du sauf-conduit
présenté ....
à une personne
non domiciliée
dans la commune.
....
....

Département : ....
....

Date d'expiration de
la validité : ....

Date de réception
du sauf-conduit
périmé : ....
....

Département de ....

Commune de ....
....

Photographie

Obligatoire au
delà de un mois
avec oblitération
par un cachet
officiel (4).

Signalement :

Age ....
Taille ....
Cheveux ....
Sourcils ....
Barbe ....
Yeux ....
Nez ....
Menton ....
Front ....
Teint ....
Signes particuliers ....
....

*Signature
du titulaire :*

Fiche de Contrôle

Sauf-conduit

N°....... établi
par la commune de
....
Département d ....

SAUF-CONDUIT N°.......

Valable pour ... voyage (1)
du .... au .... 191...
(dates en toutes lettres)

*Mode de locomotion auto-
risé : (2) ....*

*Localités ou périmètre de
circulation autorisés : ....*
....

M. ...., *Français,
profession de , né le
.... à
Domicilié à (adresse complète)
.... est autorisé à
faire usage du présent sauf-
conduit, dans les conditions ci-
dessus indiquées.*

*Je certifie qu'à ma connais-
sance son attitude, au point de
vue national, n'a jamais donné
lieu à remarque.*

Fait à ...., le ....

Le { Commissaire de Police (3).
{ Le Maire.

Sauf dispositions spéciales, le présent sauf-conduit servira de
permis de séjour, dans les limites de date fixées.
Si ce sauf-conduit, une fois périmé, n'a pas été retiré au porteur à la gare de retour, il est à rendre par l'intéressé à
l'autorité qui l'a délivré.

(1) Mettre, selon le cas, la mention « un » ou « plusieurs ».
Le retour est de droit, sauf mention spéciale. (Voir au verso
pour les séjours dépassant 24 heures).
(2) Le ou les modes de locomotion, à pied, à cheval, en
voiture, à bicyclette, en chemin de fer. Dans la zone réservée,
le visa de l'autorité militaire la plus voisine : états-majors,
commandants d'armes, brigades de gendarmerie, est obligatoire
pour la circulation en chemin de fer et à *bicyclette*.
La circulation de *nuit*, aux heures fixées par le commandement en chef, est rigoureusement interdite hors de la localité
du domicile.
(3) Doivent signer eux-mêmes sans se servir d'une griffe.
(4) Le sauf-conduit, non muni d'une photographie oblitérée à
même, ne dispense pas de la production de pièces d'identité
probantes.

FICHE à détacher dans la première
localité d'arrivée pourvue d'un service
de surveillance (Sûreté d'armée, police spéciale ou municipale) disposant
de moyens de contrôle.

La retrait de la fiche doit être cons-
taté par l'apposition d'un cachet de
l'autorité de surveillance dans la case
ad hoc du sauf-conduit.

<table>
<tr>
<td>Case réservée aux indications nécessaires, en cas de délivrance d'un sauf-conduit à une personne non domiciliée dans la commune — à l'exclusion de tout visa sur l'ancien sauf-conduit</td>
<td>Numéro du sauf-conduit précédent ....
Commune qui l'a délivré ....

Département........................
Date d'expiration de la validité ....</td>
</tr>
</table>

VISAS DU PERSONNEL DE CONTROLE

Toute personne demeurant plus de 24 heures dans une localité, siège d'un commissariat de police ou d'une brigade de gendarmerie, devra y faire viser son sauf-conduit. Le sauf-conduit n'est valable pour le retour qu'après l'accomplissement de cette formalité.

Vu au départ	Vu à l'arrivée	Vu en cours de route
De........................ Le (date)........................ Le........................ *(Signature.)*	A........................ Le (date)........................ Le........................ *(Signature.)*	A........................ Le (date)........................ Le........................ *(Signature.)*
De........................ Le (date)........................ Le........................ *(Signature.)*	A........................ Le (date)........................ Le........................ *(Signature.)*	A........................ Le (date)........................ Le........................ *(Signature.)*
De........................ Le (date)........................ Le........................ *(Signature.)*	A........................ Le (date)........................ Le........................ *(Signature.)*	A........................ Le (date)........................ Le........................ *(Signature.)*
De........................ Le (date)........................ Le........................ *(Signature.)*	A........................ Le (date)........................ Le........................ *(Signature.)*	A........................ Le (date)........................ Le........................ *(Signature.)*
De........................ Le (date)........................ Le........................ *(Signature.)*	A........................ Le (date)........................ Le........................ *(Signature.)*	A........................ Le (date)........................ Le........................ *(Signature.)*

<table>
<tr>
<td>Nom ....
Prénoms ....
Date et lieu de naissance........................
Validité : ....
Itinéraire : ....</td>
<td>Case réservée à l'apposition d'un cachet par le service de surveillance compétent pour constater le retrait de la fiche de contrôle.</td>
</tr>
</table>